Francisco Franco: el hombre y el mito

COLECCIÓN
LEGADOS

En *Legados*, cada libro es un viaje íntimo al corazón de una existencia. Biografías reveladoras, memorias conmovedoras, diarios y autobiografías luminosas componen esta colección dedicada a quienes transformaron su tiempo y dejaron una marca indeleble en la historia, el arte, la ciencia o la vida cotidiana.

Aquí se reúnen las voces de quienes vivieron intensamente, pensaron con hondura, sintieron con verdad. Desde grandes personajes públicos hasta figuras anónimas con historias memorables, *Legados* celebra el poder de la experiencia humana cuando se convierte en palabra escrita.

Una colección para los que creen que cada vida bien contada es una lección de coraje, una chispa de inspiración y una forma de eternidad. Porque toda existencia humana merece ser contada. Y recordada.

DULCE MARÍA ALCARAZ

Francisco Franco: el hombre y el mito

ALCARAZ
EDICIONES

© Alcaraz Ediciones, 2025

© Dulce María Alcaraz,2025

© Mare Nostrum, 44

46420 – El Perelló

Sueca, Valencia

Teléf.: (+34) 910 46 54 33

e-mail: info@ alcarazediciones.es

https://alcarazediciones.es

I.S.B.N.: 979-13-87586-44-7

Diseño y maquetación: Iván García Molinero

Printed in Spain / Impreso en España

ÍNDICE

PRÓLOGO 11

¿Por qué Franco aún incomoda? 11

Entre el juicio moral y el análisis histórico 12

Metodología: separar ideología de hechos 13

CAPÍTULO 1. ORÍGENES: EL NIÑO DEL FERROL   17

1.1 Una familia dividida: padre marino, madre beata 17

1.2 Disciplina, silencio y religión 18

1.3 Ingreso en la Academia Militar: el niño que no hablaba 20

CAPÍTULO 2. ÁFRICA: LA FORJA DEL MILITAR 23

2.1 Marruecos: guerra y gloria 23

2.2 Ascenso meteórico y heridas de combate 24

2.3 La Legión: la escuela de la obediencia y el castigo 25

CAPÍTULO 3. DE SOLDADO A JEFE DE ESTADO.... 29

3.1 La Segunda República y el temor al caos 29

3.2 El golpe del 36 y la guerra civil 30

3.3 La unificación del mando: Franco como "Caudillo" 32

CAPÍTULO 4. LA ESPAÑA DEVASTADA 35

4.1 Una nación arruinada: pobreza, hambre y aislamiento 35

4.2 Las cartillas de racionamiento y la autarquía.......36

4.3 Represión, campos, listas negras: la "paz franquista"...........38

Capítulo 5. La Segunda Guerra Mundial: neutralidad vigilante 41

5.1 Reunión con Hitler en Hendaya: ¿qué quiso Franco realmente? 41

5.2 La División Azul: símbolo más que compromiso 42

5.3 El viraje: de simpatizante del Eje a aliado pasivo de Occidente...........44

Capítulo 6. Estados Unidos y el giro estratégico 47

6.1 El contexto de la Guerra Fría 47

6.2 Pactos de Madrid (1953): bases militares y reconocimiento internacional..................48

6.3 Eisenhower en Madrid: la foto que legitimó al régimen...................49

6.4 Ayuda económica, apertura y entrada en organismos internacionales...................51

Capítulo 7. De la miseria al crecimiento: el milagro económico 53

7.1 El Plan de Estabilización de 1959.................53

7.2 Los "tecnócratas" del Opus Dei y la apertura controlada.................54

7.3 El turismo, la emigración y la industrialización......55

7.4 Los "25 años de paz": mito, propaganda y realidad 57

Capítulo 8. El modelo social franquista.... 59

8.1 *Reforma del sistema laboral: pagas extraordinarias, vacaciones y seguros* 59

8.2 *La Seguridad Social: ampliación y cobertura* 60

8.3 *Relación con sindicatos verticales: orden sin conflicto* 61

8.4 *Empresas públicas y nacionalizadas: RENFE, Telefónica, SEAT, INI* 63

8.5 *La vivienda obrera y la idea de "familia propietaria"* 64

Capítulo 9. Iglesia y Estado: alianza sin fisuras 67

9.1 *El nacionalcatolicismo como pilar ideológico* 67

9.2 *Concordato de 1953 y privilegios eclesiásticos* 68

9.3 *La educación religiosa y el control moral* 69

9.4 *El giro final: el distanciamiento con sectores progresistas del clero* 71

Capítulo 10. La invención del Caudillo 73

10.1 *Uniformes, misas, saludos y retratos: la imagen fabricada* 73

10.2 *Libros escolares, NO-DO y discursos: el relato oficial* 74

10.3 *El culto a la victoria y la negación del adversario* 76

Capítulo 11. Una dictadura sin carisma.... 79

11.1 *El estilo de gobierno: burocracia, lealtad y silencio* 79

11.2 *Franco como técnico del poder, no como ideólogo* 80

11.3 ¿Tenía una ideología? ¿O solo una voluntad de orden?..........82

CAPÍTULO 12. LA TRANSICIÓN: MUERTE DEL HOMBRE, MUTACIÓN DEL MITO.......................... 85

12.1 Sucesión preparada: Juan Carlos y la Ley de Reforma...85

12.2 El Valle de los Caídos: mausoleo, símbolo y controversia......................................86

12.3 De la exaltación al silencio: el pacto de olvido.....88

CAPÍTULO 13. EL RETORNO DEL MITO EN DEMOCRACIA 91

13.1 La figura de Franco en el debate público.............91

13.2 La memoria histórica: leyes, fosas, exhumación 92

13.3 Revisionismos, franquismo sociológico y populismos actuales......................................93

CAPÍTULO 14. ¿QUÉ QUEDA DE FRANCO?........... 97

14.1 Instituciones, cultura política y memorias divididas...97

14.2 Entre el desarrollo económico y la represión moral.......................................98

14.3 ¿Hombre de Estado o residuo de la Historia?.......99

APÉNDICES 103

1. Cronología de vida y gobierno de Francisco Franco..105

2. Glosario de términos y actores del régimen.............109

BIBLIOGRAFÍA 113

PRÓLOGO

¿Por qué Franco aún incomoda?

Han pasado casi cinco décadas desde la muerte de Francisco Franco, pero su figura continúa generando controversia. Es uno de los pocos líderes del siglo XX cuya sola mención puede provocar tanto rechazo visceral como nostalgias encendidas. ¿Por qué, entonces, sigue siendo un personaje tan incómodo en la historia de España?

Una posible respuesta reside en su longevidad política. Franco gobernó durante casi cuarenta años, desde 1939 hasta 1975, en una Europa marcada por guerras, dictaduras y transiciones democráticas. Mientras figuras como Mussolini y Hitler cayeron en plena Segunda Guerra Mundial, y Stalin murió en 1953, Franco supo mantenerse —a su manera— al margen de los grandes conflictos, tejiendo un régimen autoritario que sobrevivió incluso a su generación. A propósito, escribió el historiador Paul Preston: "Franco no fue un gran pensador, pero sí un maestro de la prudencia".

Incomoda, también, su ambigüedad. No fue un dictador carismático ni un ideólogo brillante, sino un eficaz administrador del poder que combinó religión, ejército y control social en una fórmula duradera. No se implicó en guerras mundiales, pero tampoco fue neutral. No se presentó como un tirano, pero reprimió sin titubeos. ¿Cómo encajar a un personaje así en los marcos rígidos del bien y del mal?

Más aún: Franco representa, para muchos, una España rota. La Guerra Civil fue la herida fundacional de su régimen, y los bandos enfrentados de entonces aún perviven, de forma simbólica, en la vida política y en la memoria colectiva. No se puede hablar de Franco sin evocar a las víctimas del conflicto, a los exiliados, a los fusilados tras la victoria, pero tampoco sin recordar a quienes lo vieron como el garante de un orden que temían perder. Esto hace que el juicio sobre su figura esté, casi siempre, condicionado por emociones, genealogías familiares o posicionamientos ideológicos.

Entre el juicio moral y el análisis histórico

Este libro no busca ni absolver ni condenar. No parte de una militancia, sino de una inquietud: entender al hombre y al personaje, a la figura real y al mito que se construyó en torno a él. ¿Quién fue Francisco Franco? ¿Cómo llegó al poder y cómo lo mantuvo?

¿Qué papel jugó en la transformación social y económica de España? ¿Qué decisiones tomaba y por qué? ¿Qué queda de su legado?

El propósito es mirar con ojos atentos, no con ojos ideológicos. Separar la propaganda —tanto la del régimen como la de sus detractores— de los hechos verificables. Analizar sin temor, pero también sin adornos. Como advertía el historiador Stanley Payne: "Franco no fue un simple dictador militar, sino un líder de Estado con una visión particular de orden y tradición".

Es legítimo juzgar moralmente una época o una figura histórica, pero no puede hacerse sin comprenderla primero. El análisis serio requiere contexto, perspectiva y, sobre todo, datos. No basta con los clichés de una España en blanco y negro. Hay que indagar en los archivos, revisar los discursos, entender los pactos, estudiar las cifras, escuchar a los testigos y leer a los expertos. Solo así se puede dar un paso más allá del mito.

Metodología: separar ideología de hechos

El presente libro se estructura en tres partes que buscan responder a esa inquietud inicial. Primero, se reconstruye la vida del hombre: su infancia en El Ferrol, su formación militar en África, su ascenso político durante la guerra civil y su consolidación como jefe de Estado. Se documentan hechos, trayectorias, decisiones. No hay adjetivos innecesarios: hay cronología y análisis de hechos históricos.

En segundo lugar, se estudia la construcción del mito. ¿Cómo se forjó la imagen del Caudillo? ¿Qué mecanismos propagandísticos se utilizaron? ¿Qué papel jugaron la Iglesia, los medios, la educación, el culto oficial? Y luego, ¿cómo se ha transformado esa imagen en democracia? ¿Qué queda de Franco en el discurso político, en la memoria histórica, en el inconsciente colectivo?

Por último, se plantea una reflexión serena sobre su legado. No solo lo que hizo, sino lo que dejó: en las instituciones, en la economía, en la cultura política. ¿Fue el arquitecto de la modernización de España o su freno? ¿Cómo leer hoy, sin pasión ni prejuicio, la figura de quien gobernó durante casi medio siglo?

Se utilizarán fuentes primarias —discursos, leyes, tratados, testimonios—, estudios académicos reconocidos, cifras verificadas y datos objetivos. El objetivo no es convencer, sino ofrecer una mirada comprensiva y crítica, abierta a matices, que ayude al lector a formarse su propio juicio, sin imposiciones.

Franco, como todo gran personaje histórico, fue muchas cosas a la vez: soldado, político, católico, estratega, dictador, padre, esposo, jefe, símbolo. Este libro quiere recorrer todas esas caras. No para rendir homenaje ni para dictar condena, sino para comprender lo que representó. Porque solo entendiendo el pasado con hondura se puede mirar el presente con mayor claridad.

CAPÍTULO 1.
ORÍGENES: EL NIÑO DEL FERROL

1.1 Una familia dividida: padre marino, madre beata

F rancisco Franco Bahamonde nació el 4 de diciembre de 1892 en El Ferrol, ciudad gallega profundamente marcada por el mar. Desde el siglo XVIII, El Ferrol había sido uno de los astilleros militares más importantes de España, y su economía giraba en torno a la actividad naval. Nacer allí era, en cierto modo, nacer bajo el signo de la Marina, y la familia de Franco no fue la excepción.

Su padre, Nicolás Franco y Salgado-Araújo, era oficial de la Armada y llegó a alcanzar el rango de intendente general de la Marina. Hombre culto, de ideas liberales y costumbres disolutas, fue descrito por algunos como "inteligente, pero irónico, escéptico, dado al juego y al alcohol". Mantenía una actitud ambigua hacia su familia, de la que acabó distanciándose casi por completo. El joven Francisco creció viendo a un padre ausente, primero emocionalmente, y luego también físicamente: en 1907, Nicolás abandonó el hogar y se trasladó a Madrid con otra mujer, lo que supuso una ruptura definitiva con su esposa e hijos.

La madre, María del Pilar Bahamonde y Pardo de Andrade, era la cara opuesta. De fuerte fe católica, carácter austero y disciplinado, asumió la crianza de sus hijos con férrea determinación. Dedicada por entero a la vida familiar y a la religión, influenció profundamente a Francisco. "Fue la madre quien inculcó a Franco su sentido del deber, su afán de orden y su fe inquebrantable", escribiría años después su hermano Ramón Franco, piloto republicano y figura trágica de la familia.

La ruptura entre los padres dejó huellas silenciosas. Francisco, el segundo de cinco hijos, aprendió desde niño a no hablar más de la cuenta. En un entorno de mujeres (madre, hermanas, criadas), desarrolló una personalidad retraída, obediente y reservada. No destacó por su simpatía, pero sí por su sentido del deber y por su capacidad para adaptarse al silencio.

1.2 Disciplina, silencio y religión

La infancia de Franco no fue una sucesión de eventos dramáticos, sino más bien una lenta acumulación de hábitos: la misa diaria, el rezo del rosario, el estudio aplicado, la vigilancia constante de una madre que creía en la redención por la obediencia. Vivió en una casa modesta, en la calle Frutos Saavedra, no lejos del arsenal militar. La familia Bahamonde tenía linaje noble, pero pocos recursos económicos.

En el colegio, Francisco no destacaba académicamente, pero tampoco causaba problemas. Era, según testimonios posteriores, un niño serio, algo taciturno, que hablaba poco y obedecía siempre. Su primo Ricardo de la Puente, que más tarde sería aviador republicano fusilado por orden del propio Franco, lo describió como "un niño extraño, callado y muy observador".

El joven Franco no jugaba como los demás niños. No le gustaban los deportes ni las bromas. Prefería los juegos de soldados, las lecturas sobre historia militar y la contemplación silenciosa. Le interesaban los mapas, las estrategias bélicas y las biografías de héroes del imperio español. Se forjaba así, sin saberlo, la imagen del soldado-orden, del hombre que prefiere la jerarquía al caos.

En este entorno se formó un rasgo fundamental de su carácter: la convicción de que el orden es superior a la libertad, y que la disciplina —religiosa, militar o social— es el camino para evitar el derrumbe moral. No fue un niño feliz ni desgraciado. Fue un niño metido en sí mismo, que aprendió a no protestar y a no confiar más que en los círculos estrechos.

1.3 Ingreso en la Academia Militar: el niño que no hablaba

Con apenas catorce años, y tras no lograr ingresar en la Academia Naval —su primera opción, truncada por la reducción de plazas en la Marina—, Francisco fue admitido en la Academia de Infantería de Toledo en 1907. Era demasiado joven para convivir con cadetes que lo doblaban en edad. Su complexión era frágil, su voz débil, su figura menuda. Le llamaban "Franquito", mote que perduró durante años.

En ese ambiente rudo y viril, Franco se hizo notar precisamente por no hacerse notar. No participaba en bromas, no formaba camarillas, no respondía a provocaciones. Se concentró en estudiar y en cumplir cada orden al pie de la letra. Sus superiores valoraron su seriedad, puntualidad y espíritu de sacrificio, aunque también le reprochaban su falta de iniciativa y frialdad emocional. Uno de sus instructores dejó constancia en una nota de evaluación: "Cadete aplicado y obediente. No destaca por brillantez, pero sí por su constancia".

Franco descubrió en la estructura militar un mundo que comprendía. Allí no era necesario hablar mucho ni brillar en sociedad. Bastaba con cumplir. La obediencia era una virtud, y el silencio, una forma de poder. Años después, ya en el poder, mantendría ese mismo estilo: sin discursos elocuentes, sin confidencias, sin duda aparente.

Terminó la formación con buenos resultados. No fue el mejor de su promoción, pero sí uno de los más disciplinados. A los 17 años ya era segundo teniente de Infantería, y en 1912, tras solicitar destino voluntario, embarcó rumbo a Marruecos, donde comenzaría el capítulo más decisivo de su formación: la guerra.

CAPÍTULO 2.
ÁFRICA: LA FORJA DEL MILITAR

2.1 Marruecos: guerra y gloria

Cuando Franco llegó a Marruecos en 1912, tenía apenas 19 años. La guerra del Rif era una pesadilla colonial para España: una campaña interminable, costosa y brutal, marcada por derrotas humillantes y rebeliones bereberes constantes. El protectorado español en el norte de Marruecos, compartido con Francia, había sido una apuesta estratégica del Estado, pero se convirtió en un lodazal militar y político.

Para muchos jóvenes oficiales, sin embargo, Marruecos ofrecía lo que la península no podía: gloria, ascensos rápidos y un campo de batalla real. Como escribió el general Kindelán: "África era el lugar donde un teniente podía ser capitán en meses... o cadáver en semanas".

Franco se sumó al Regimiento África n° 68, destinado en Melilla, y muy pronto se distinguió por su actitud meticulosa y su extrema prudencia. A diferencia de otros oficiales más audaces, Franco no improvisaba, no arriesgaba a la ligera. Su valor era frío, calculado. No era un héroe temerario, sino un estratega del deber.

Durante sus primeras campañas participó en acciones en el Rif y en la región de Kert. En 1916, en combate en el barranco del Biutz, fue herido gravemente en el abdomen por una bala enemiga. La herida casi le costó la vida. Fue evacuado a Ceuta, donde se temió por su supervivencia. Pero, contra todo pronóstico, se recuperó, aunque con secuelas que arrastraría toda su vida.

Por esa acción, recibió la Cruz al Mérito Militar con distintivo rojo, y fue ascendido a comandante a los 23 años, el más joven del ejército español en ese momento. La prensa militar de la época lo destacó como "el oficial más prometedor de su generación".

2.2 Ascenso meteórico y heridas de combate

Esa herida fue más que física. Representó un cambio simbólico: Franco había probado la guerra de verdad, el miedo y la gloria. Fue también el momento en que comenzó a tejer una imagen de sí mismo como hombre de hierro. Se decía que apenas hablaba de sus emociones, que no compartía sus temores. Uno de sus compañeros de campaña relató:

"Franco parecía hecho de piedra. Nunca lloraba, nunca temblaba, nunca dudaba".

El ejército valoró en él no solo la sangre derramada, sino su eficacia. Franco no improvisaba jamás. Era metódico, exigente, silencioso. En un entorno militar marcado por las chapuzas y el desorden, él representaba lo contrario: orden, jerarquía, cumplimiento. Por eso fue llamado en 1920 por el alto mando para participar en una nueva unidad que iba a revolucionar el ejército español en Marruecos: la Legión Española.

Su ascenso, aunque basado sobre méritos militares, fue también político en cierto modo. Supo tejer relaciones con figuras clave del ejército africanista, como José Millán-Astray, fundador de la Legión, quien lo admiraba profundamente. Millán-Astray lo consideraba "el único hombre que no conoce el miedo", y lo designó segundo jefe de la unidad, por encima de otros oficiales con más años de servicio.

2.3 La Legión: la escuela de la obediencia y el castigo

La Legión Española fue fundada en 1920, inspirada en la Legión Extranjera francesa, con el objetivo de crear una fuerza de élite que luchara sin contemplaciones en el Rif.

Millán-Astray la diseñó como un cuerpo de hombres endurecidos, con un código de honor brutal y un desprecio por la muerte. Su lema era claro: "¡Viva la muerte!"

Franco no compartía el histrionismo ni el estilo teatral de Millán-Astray, pero sí la esencia de su visión militar: disciplina absoluta, obediencia sin preguntas, sacrificio por la unidad. Fue en la Legión donde Franco perfeccionó su estilo de mando: autoritario, eficaz, distante. Exigía de sus hombres lo mismo que de sí mismo: resistencia, lealtad y silencio.

Dirigió numerosas operaciones durante la Campaña del Rif, especialmente tras el desastre de Annual (1921), cuando las tropas españolas sufrieron una de las peores derrotas de su historia. Franco participó en la reconquista del territorio perdido, incluyendo la zona de Melilla y la recuperación del monte Gurugú, operación que le valió nuevas condecoraciones.

Fue durante estos años cuando consolidó su aura de invulnerabilidad. Nunca contrajo enfermedades, dormía poco, comía apenas, inspeccionaba a sus tropas de madrugada. Algunos legionarios llegaron a decir: "El comandante Franco no es un hombre: es un reloj de acero".

En 1926 fue ascendido a general de brigada, con apenas 33 años, convirtiéndose en el general más joven de Europa. Ese mismo año se casó con Carmen Polo, hija de una familia acomodada de Oviedo, iniciando una vida privada muy distinta de su faceta militar: discreta, burguesa, conservadora.

África le había dado todo: heridas, medallas, prestigio, influencia. Pero también le había dado una idea muy clara del poder: no se gobierna por el consentimiento, sino por la fuerza del orden. Esa visión, forjada entre el polvo del Rif y la sangre de los legionarios, sería la base mental del régimen que más tarde construiría en España.

CAPÍTULO 3.
DE SOLDADO A JEFE DE ESTADO

3.1 La Segunda República y el temor al caos

En 1931, cuando se proclamó la Segunda República Española, Francisco Franco tenía 38 años y era ya general de brigada. A diferencia de otros militares de la vieja guardia, él no participó directamente en las conspiraciones monárquicas ni en los pronunciamientos antirrepublicanos de ese momento. Su estilo siempre fue otro: esperar, observar, actuar con cautela. "Franco no se precipitaba jamás. Sabía que el tiempo podía ser su aliado", escribió el historiador Ricardo de la Cierva.

Durante los primeros años republicanos, Franco fue leal al nuevo régimen, aunque sin entusiasmo. Fue nombrado director de la Academia Militar de Zaragoza, desde donde inculcó a sus alumnos valores clásicos: disciplina, obediencia, patriotismo. Sin embargo, el cierre de dicha institución en 1931 por parte del ministro Azaña, como parte de las reformas militares, le afectó profundamente. Lo interpretó como una humillación al ejército y un debilitamiento del orden nacional.

Su visión del mundo no cambió: seguía creyendo que España necesitaba orden, jerarquía y autoridad. La República, con sus banderas tricolores, su laicismo militante y sus reformas sociales apresuradas, le parecía cada vez más un experimento inestable. En 1934, tras la Revolución de Octubre en Asturias, Franco fue llamado por el gobierno para reprimir la sublevación. Lo hizo con eficacia militar, pero la operación dejó una huella política y moral profunda: fue acusado de dureza excesiva y ganó reputación como "el general que restauró el orden".

Franco no fue el más conspicuo conspirador contra la República. Ni era carismático como Sanjurjo, ni brillante como Mola. Pero tenía algo que otros no: una combinación de paciencia, cálculo y un aura de eficiencia que le hacían confiable para todos los sectores militares. Como señaló Stanley Payne: "Franco se convirtió en el hombre de consenso entre los generales por una razón muy sencilla: no molestaba a nadie".

3.2 El golpe del 36 y la guerra civil

El 17 de julio de 1936, comenzó en Melilla una sublevación militar que muy pronto se extendió a otras regiones. Al día siguiente, Franco, que se encontraba destinado en Canarias como jefe del Estado Mayor del Ejército, se unió al golpe. Lo hizo con prudencia: esperó a confirmar que otras plazas importantes se habían sumado, y solo entonces se embarcó en un avión Dragon Rapide rumbo a Marruecos, desde donde tomó el mando del Ejército de África.

El golpe no triunfó de forma inmediata. Lejos de ser un pronunciamiento clásico, dio lugar a una guerra civil de tres años entre el gobierno republicano y las fuerzas sublevadas. Franco, al mando de tropas africanas y la Legión, organizó el primer gran puente aéreo militar de la historia, con apoyo de aviación alemana e italiana, para trasladar sus tropas a la península.

Su prestigio militar, su eficacia operativa y su capacidad para mantenerse al margen de los conflictos internos entre carlistas, falangistas y monárquicos, le dieron una posición cada vez más central. Mientras otros generales se disputaban el liderazgo, Franco avanzaba sin polémica. Su toma de Badajoz, la ocupación de Toledo y la posterior entrada en Sevilla consolidaron su figura como el militar más eficaz del bando rebelde.

El 1 de octubre de 1936, en plena guerra, Franco fue designado "Generalísimo de los Ejércitos" y "Jefe del Gobierno del Estado español" por una Junta de Defensa. El decreto oficial lo justificaba así: "Por sus méritos, su autoridad moral y su elevado sentido del deber".

El camino al poder absoluto estaba trazado.

3.3 La unificación del mando: Franco como "Caudillo"

El siguiente paso fue ideológico: unificar todas las fuerzas políticas del bando sublevado en un solo partido. En abril de 1937, por decreto, Franco fusionó a los falangistas de José Antonio Primo de Rivera (fusilado por la República en noviembre de 1936) y a los tradicionalistas carlistas en una nueva organización: la Falange Española Tradicionalista y de las JONS. El partido único del nuevo Estado.

Esta maniobra política, diseñada para evitar divisiones internas, le otorgó a Franco un poder personalista sin precedentes. Desde entonces, fue conocido simplemente como el Caudillo, un título que remite a los viejos líderes carismáticos medievales y que reforzaba su imagen de salvador de la patria.

La propaganda comenzó a trabajar a toda máquina: retratos ecuestres, discursos solemnes, desfiles y saludos romanos. El culto a Franco nacía en pleno campo de batalla.

Uno de los lemas más repetidos por el aparato franquista fue: "Franco ha salvado a España del comunismo y del caos".

Mientras tanto, la guerra continuaba. La toma de Bilbao en 1937, la batalla del Ebro en 1938 y finalmente la entrada en Madrid en marzo de 1939 sellaron la victoria militar del bando sublevado. El 1 de abril de 1939, Franco firmó el célebre parte de guerra: "La guerra ha terminado".

Pero para él, era apenas el comienzo. Ahora debía gobernar un país devastado, dividido, aislado del mundo. España tenía casi un millón de muertos, una economía arruinada, infraestructuras destruidas y una sociedad profundamente fracturada.

El general silencioso, el hombre que no hablaba más de lo necesario, se había convertido en el jefe absoluto de un nuevo Estado. Un Estado construido sobre la victoria militar, el culto al orden y el rechazo al pasado republicano. La historia de Franco como hombre de poder comenzaba ahí. Lo que vendría después sería una dictadura que duraría casi cuarenta años, y una figura que seguiría dividiendo a España aún décadas después de su muerte.

CAPÍTULO 4. LA ESPAÑA DEVASTADA

4.1 Una nación arruinada: pobreza, hambre y aislamiento

Al terminar la Guerra Civil en 1939, España era un país física y moralmente devastado. Más de medio millón de muertos —entre soldados, milicianos, civiles y víctimas de la represión—, cientos de miles de heridos y mutilados, más de 300.000 exiliados en Francia, México y otros países, y una infraestructura nacional prácticamente en ruinas.

Las líneas de ferrocarril estaban destruidas, las fábricas paralizadas, los puertos bloqueados, las cosechas diezmadas. En palabras del periodista estadounidense Herbert L. Matthews, testigo directo de la posguerra: "España era un país vencido por fuera y vencido por dentro".

Franco heredó una nación exangüe. Pero, lejos de buscar la reconciliación, su régimen impuso una política de castigo y depuración. Se trataba no solo de reconstruir el país, sino de redefinirlo según los valores del nuevo Estado: unidad, catolicismo, jerarquía y sumisión. En sus discursos de la época, Franco insistía en que "la victoria había sido total, no parcial", y que no podía permitirse una restauración del viejo orden republicano, ni siquiera simbólica.

En el plano internacional, la situación era aún más crítica. Estallada la Segunda Guerra Mundial apenas cinco meses después del final de la guerra civil, España quedó aislada del mundo, sin reconocimiento diplomático pleno por parte de muchas democracias occidentales, sin acceso a créditos, ni comercio internacional, ni reconstrucción asistida.

España no recibió el Plan Marshall, ni tuvo acceso a las redes de recuperación europea que se tejieron tras la derrota del Eje. Aunque formalmente neutral, el nuevo régimen era percibido como cercano al fascismo, y por ello fue excluido del sistema internacional surgido tras 1945.

Entre 1939 y 1950, España vivió en una suerte de autarquía impuesta por el contexto: sola, empobrecida, encerrada sobre sí misma, dependiendo de su escasa producción nacional, y gobernada bajo el signo de la represión.

4.2 Las cartillas de racionamiento y la autarquía

Para millones de españoles, los años cuarenta fueron sinónimo de hambre, escasez y miedo. En 1939 se implantó el sistema de cartillas de racionamiento, que duró hasta 1952, y que regulaba la distribución de alimentos básicos: pan, aceite, azúcar, legumbres, leche, jabón.

Las cartillas —una por familia— estaban controladas por el Servicio Nacional del Trigo, el Comisariado de Abastecimientos y otras instituciones del nuevo Estado, que vigilaban estrictamente el consumo y penalizaban cualquier desvío. La frase más común en los mercados era: "Hoy no hay".

El sistema era, además, profundamente desigual. Los alimentos de calidad circulaban por el mercado negro, accesible solo para quienes podían pagarlos. La corrupción, el estraperlo y la especulación florecieron bajo el amparo de la necesidad.

La autarquía —la política económica de autosuficiencia impulsada por el régimen— fue un intento de reconstruir sin depender del exterior. Inspirada en modelos fascistas europeos y en ideas del nacionalismo económico, consistía en producir todo dentro del país, controlar los precios, intervenir los mercados y proteger la industria nacional.

Pero los resultados fueron desastrosos: inflación descontrolada, desabastecimiento crónico, caída de la productividad agrícola, y una industria obsoleta incapaz de modernizarse sin tecnología extranjera. Entre 1940 y 1950, el crecimiento económico fue prácticamente nulo.

Un informe confidencial del propio Ministerio de Agricultura, en 1944, admitía: "La producción cerealista no cubre ni de lejos las necesidades del país. Las políticas de intervención generan resistencia entre los productores".

Sin acceso a créditos, sin inversiones extranjeras y sin aliados comerciales, España se convirtió en un país gris, hambriento y resignado, donde la esperanza estaba suspendida.

4.3 Represión, campos, listas negras: la "paz franquista"

Mientras tanto, el nuevo régimen desplegaba una política de depuración masiva. La Ley de Responsabilidades Políticas, de 1939, permitía juzgar retroactivamente a cualquier persona que hubiese colaborado con la República, desde ministros hasta maestros de escuela. Según datos del historiador Julián Casanova, más de 270.000 personas pasaron por cárceles franquistas en los primeros años de la posguerra.

Se establecieron tribunales militares sumarísimos, se crearon campos de concentración y se elaboraron listas negras de funcionarios, profesores, médicos, periodistas, que fueron apartados de sus cargos por "falta de adhesión al Movimiento Nacional".

El aparato de vigilancia incluía fuerzas de orden público, la Guardia Civil, la policía política (Brigada Social) y redes de delatores locales. La represión no fue solo política, sino también ideológica, moral y cultural. La censura afectaba a libros, prensa, cine, teatro y cartas personales.

Se instauró una moral oficial basada sobre el catolicismo más estricto, la sumisión a la autoridad y la exaltación del sacrificio. La mujer debía ser madre y esposa; el hombre, trabajador y obediente. El sindicato único, la Organización Sindical Española, controlaba la vida laboral, mientras que la Iglesia recuperaba el control sobre la educación, el matrimonio y la moral pública.

Franco, en uno de sus discursos más recordados, definió esta nueva era como "los años de paz, sacrificio y reconstrucción". Pero para muchos españoles, fue una paz impuesta, vivida con hambre, miedo y silencio. El país parecía detenido en el tiempo. Las ciudades envejecidas, los pueblos abandonados, las fábricas herrumbrosas. Solo la esperanza de que Europa mirara algún día hacia España parecía romper el encierro.

Y eso, precisamente, ocurriría pocos años después. Con el inicio de la Guerra Fría, Estados Unidos cambiaría su mirada. España dejaría de ser el paria fascista de Europa y se convertiría en pieza estratégica del mundo bipolar. La etapa del aislamiento comenzaba a cerrarse.

CAPÍTULO 5. LA SEGUNDA GUERRA MUNDIAL: NEUTRALIDAD VIGILANTE

5.1 Reunión con Hitler en Hendaya: ¿qué quiso Franco realmente?

El 23 de octubre de 1940, Francisco Franco se reunió con Adolf Hitler en la estación de tren de Hendaya, en la frontera franco-española. Fue su primer y único encuentro cara a cara. El dictador alemán esperaba obtener el apoyo formal de España en su guerra contra Gran Bretaña. Franco, en cambio, buscaba garantías, tiempo… y respeto.

La reunión duró más de siete horas. Hitler llegó con una agenda clara: incorporar a España al Eje, permitir la ocupación de Gibraltar y asegurar el control del Mediterráneo occidental. Franco, sin embargo, se mostró reticente, ambiguo y exigente. Solicitó a cambio enormes compensaciones: alimentos, armas, petróleo, protección colonial en el norte de África (incluyendo partes de Marruecos francés y Argelia).

Hitler quedó frustrado. Según el testimonio de su ministro de exteriores, Joachim von Ribbentrop, al final del encuentro el Führer exclamó: "Prefiero que me saquen cuatro muelas antes que volver a tratar con ese hombre otra vez".

Franco sabía que España no estaba en condiciones de entrar en una guerra total. El país estaba devastado, con su población hambrienta y su ejército desorganizado. Pero también entendía que mantener la neutralidad no significaba pasividad, sino buscar un equilibrio entre supervivencia interna y posicionamiento internacional.

El resultado fue una "no beligerancia" con inclinaciones al Eje. España no declaró la guerra, pero sí permitió tránsito de espías, suministros a submarinos alemanes, y una retórica oficial próxima a Berlín y Roma. La Falange organizó actos de exaltación nazi, se difundieron panfletos antisemitas y se crearon símbolos comunes, como el saludo brazo en alto. No obstante, Franco nunca cedió el control efectivo de su política exterior. Su prioridad, como repetía en privado, era "la estabilidad del Estado y la supervivencia del régimen".

5.2 La División Azul: símbolo más que compromiso

En junio de 1941, Hitler lanzó la Operación Barbarroja, invadiendo la Unión Soviética. Para Franco, fue la ocasión ideal de mostrar adhesión ideológica al anticomunismo, sin comprometer directamente al país. De ese contexto surgió la División Azul: una unidad de voluntarios españoles enviada a luchar en el frente oriental, integrada dentro del ejército alemán como la 250.ª División de la Wehrmacht.

Entre 1941 y 1943, más de 45.000 españoles pasaron por esa unidad, muchos de ellos falangistas, aventureros, soldados profesionales y republicanos represaliados que aceptaban ir a Rusia para limpiar su pasado o huir del hambre. La División combatió en Leningrado, sufrió miles de bajas y regresó condecorada por Alemania.

Aunque presentada como un gesto de alianza con Hitler, en realidad fue una maniobra de Franco para aplacar al Eje sin comprometer a España como nación beligerante. La unidad fue retirada en 1943, cuando el curso de la guerra comenzó a cambiar. Hitler no perdonó del todo esa retirada, pero Franco supo justificarla como una necesidad interna y con mucha diplomacia.

En sus discursos, la División Azul fue exaltada como "un símbolo del heroísmo español contra el bolchevismo", pero en la práctica funcionó como válvula de escape política. Permitió canalizar la presión ideológica falangista sin alterar el equilibrio diplomático con las potencias aliadas.

5.3 El viraje: de simpatizante del Eje a aliado pasivo de Occidente

Tras la batalla de Stalingrado y el desembarco aliado en el norte de África (1942), el rumbo de la guerra cambió radicalmente. Franco comprendió que el Eje iba camino a la derrota y empezó a replegar su retórica, distanciarse de Alemania y mostrar una imagen más moderada ante el mundo.

En 1943, con Mussolini ya depuesto, España declaró formalmente su "neutralidad absoluta". Se cerraron oficinas pro-nazis, se limitó la actividad de la Falange y se envió un mensaje claro al exterior: España no será arrastrada por la caída de Hitler.

Este viraje estratégico no pasó desapercibido. Al terminar la guerra, en 1945, España fue excluida de la ONU, condenada por las potencias aliadas y tratada como remanente del fascismo europeo. Pero Franco resistió y movió muchos hilos. Aprovechó el inicio de la Guerra Fría para reconstruir su imagen internacional como dique contra el comunismo.

En 1947 se aprobó la Ley de Sucesión, que definía a España como "reino sin rey", con Franco como jefe de Estado vitalicio. Era una forma de institucionalizar el franquismo, previendo su continuidad más allá de su persona. Al mismo tiempo, se tejían discretos contactos con Washington.

En apenas cinco años, el régimen de Franco pasó de simpatizante del Eje a interlocutor aceptado por los Estados Unidos. En 1953 firmaría los Pactos de Madrid, y en 1955 España sería admitida finalmente en la ONU. El viejo general que evitó comprometerse con Hitler había ganado, otra vez, por agotamiento de sus adversarios. Al respecto, escribió el hispanista Hugh Thomas: "Franco no fue aliado de Hitler, sino su superviviente".

CAPÍTULO 6. ESTADOS UNIDOS Y EL GIRO ESTRATÉGICO

6.1 El contexto de la Guerra Fría

Al terminar la Segunda Guerra Mundial, en 1945, el régimen de Franco se encontraba aislado y cuestionado. España no había participado directamente en el conflicto, pero su afinidad ideológica con el Eje le costó el rechazo de las potencias vencedoras. La recién creada Organización de las Naciones Unidas (ONU) no solo excluyó al régimen franquista, sino que en 1946 aprobó una resolución instando a retirar embajadores y considerar a España como "un Estado no democrático surgido gracias al apoyo del fascismo".

Sin embargo, el escenario internacional cambió rápidamente. A partir de 1947, la tensión entre Estados Unidos y la Unión Soviética se consolidó en la llamada Guerra Fría. Washington ya no buscaba aliados "democráticos" sino regímenes anticomunistas fiables. Y España, aunque autoritaria, se presentaba como una fortaleza contra la expansión soviética en el sur de Europa y el norte de África.

Franco supo adaptar su discurso: el anticomunismo pasó a ser la piedra angular de su legitimación internacional. En una entrevista con el periodista francés Pierre Daye, afirmó: "Mi lucha fue una cruzada contra el comunismo. Y ahora, todo el mundo reconoce que el comunismo es la gran amenaza de la humanidad".

La lógica estratégica superó a la ideología. España se convirtió, poco a poco, en interlocutor útil para Washington, especialmente tras el triunfo de Mao en China (1949), la creación del Pacto de Varsovia y el estallido de la Guerra de Corea.

6.2 Pactos de Madrid (1953): bases militares y reconocimiento internacional

El punto de inflexión se produjo en 1953, con la firma de los Pactos de Madrid, un acuerdo bilateral entre España y Estados Unidos. No fue un tratado entre iguales, sino una serie de acuerdos ejecutivos que establecían la instalación de bases militares estadounidenses en territorio español, a cambio de ayuda económica y militar.

España cedió terrenos estratégicos para la instalación de bases en Rota, Torrejón de Ardoz, Zaragoza y Morón de la Frontera. A cambio, recibió 400 millones de dólares en forma de préstamos, asistencia técnica, suministros agrícolas y equipamiento militar.

No fue un ingreso oficial en la OTAN, pero sí un paso firme hacia la reintegración internacional. Washington evitó condenar públicamente el régimen y comenzó a hablar de España como un "socio estratégico en la defensa del mundo libre".

Aunque internamente se celebró como una "victoria diplomática", lo cierto es que los Pactos reforzaron la dependencia militar y económica de España respecto a EE. UU. La soberanía nacional quedaba limitada en zonas donde operaban fuerzas extranjeras, algo que la propaganda franquista supo disimular.

Franco, sin embargo, logró lo que quería: romper el aislamiento, consolidar su poder y obtener recursos para reactivar la economía. Como escribió el embajador estadounidense James Clement Dunn: "Franco ha demostrado ser un hombre que sabe esperar".

6.3 Eisenhower en Madrid: la foto que legitimó al régimen

El 21 de diciembre de 1959, el presidente Dwight D. Eisenhower aterrizó en el aeropuerto de Barajas. Fue el primer presidente estadounidense en visitar España y su imagen saludando a Franco en coche descapotable recorriendo las calles de Madrid selló la normalización internacional del régimen franquista.

La visita fue cuidadosamente orquestada. Se organizaron desfiles, vítores coreografiados y pancartas con lemas como "España y América, unidas por la paz". El NO-DO —el noticiario oficial— convirtió el evento en una ceremonia de redención política. Y la foto de Eisenhower y Franco juntos tuvo un impacto profundo. Simbolizaba que el régimen ya no era un paria, sino un aliado de una superpotencia. Para la población española, fue también un gesto de esperanza: Estados Unidos traía consigo modernidad, consumo y la promesa de una vida menos austera.

En su discurso, Eisenhower evitó cualquier crítica: "España es una nación con una gran tradición y un papel importante en el mundo libre". El mensaje era claro: la ideología importaba menos que la estabilidad. Franco, por su parte, no ocultó su satisfacción. En su balance anual de ese año declaró: "La visita del presidente Eisenhower ha sido la confirmación de la justicia histórica de nuestra causa".

6.4 Ayuda económica, apertura y entrada en organismos internacionales

Los efectos del acercamiento a Estados Unidos fueron inmediatos. La ayuda financiera permitió modernizar parte de la infraestructura nacional, importar maquinaria agrícola, mejorar el equipamiento industrial y reorganizar las fuerzas armadas. Se crearon nuevas autopistas, se electrificaron zonas rurales, se diversificó la producción.

La década de 1950 cerró con la entrada de España en varios organismos internacionales: la FAO, la OMS, la UNESCO y, finalmente, en 1955, en la ONU. El aislamiento había terminado oficialmente.

A nivel económico, esta etapa permitió abandonar gradualmente la autarquía, abrir tímidamente los mercados y preparar el terreno para los grandes planes de estabilización que vendrían en 1959. El régimen comenzó a hablar de "apertura controlada", aunque sin alterar la estructura política.

El franquismo pasó así de ser un régimen nacional-revolucionario a un Estado tecnocrático autoritario, con apoyo del Opus Dei y de cuadros profesionales orientados a la eficiencia más que al dogma. Como resumió el historiador Charles Powell: "Franco no cambió su forma de gobernar, pero sí aprendió a presentarse como lo que el mundo quería ver: un baluarte contra el comunismo y un gestor pragmático".

CAPÍTULO 7. DE LA MISERIA AL CRECIMIENTO: EL MILAGRO ECONÓMICO

7.1 El Plan de Estabilización de 1959

A finales de los años cincuenta, España seguía siendo un país agrario, pobre y anacrónico, con inflación desbordada, reservas en divisas agotadas y una economía encorsetada por la autarquía. El diagnóstico era alarmante incluso dentro del régimen. El propio ministro de Hacienda, Mariano Navarro Rubio, reconoció: "Si no cambiamos radicalmente el rumbo, el país se hundirá en la bancarrota".

La respuesta fue el Plan Nacional de Estabilización Económica de 1959, un punto de inflexión decisivo. Elaborado por un grupo de jóvenes economistas ligados al Opus Dei —formados en universidades extranjeras y alejados de la retórica falangista— el plan proponía una liberalización parcial de la economía, la apertura al comercio internacional y el control riguroso del gasto público.

Se trató de un giro pragmático, sin reforma política pero con voluntad de modernización. Se devaluó la peseta, se recortaron subvenciones, se atrajo inversión extranjera y se firmaron acuerdos bilaterales con empresas y bancos europeos.

Las consecuencias fueron inmediatas: la inflación se frenó, las reservas crecieron y la balanza de pagos se estabilizó. Pero también hubo costes sociales: despidos masivos, cierre de industrias ineficientes y subida de precios. El régimen reconoció los sacrificios, pero vendió el plan como un acto de responsabilidad nacional. En palabras del vicepresidente Carrero Blanco: "Hemos aceptado el dolor de hoy para alcanzar la prosperidad de mañana".

7.2 Los "tecnócratas" del Opus Dei y la apertura controlada

Detrás del plan estaban los llamados "tecnócratas", funcionarios y ministros sin pasado militar ni falangista, muchos de ellos vinculados al Opus Dei, como Laureano López Rodó, Alberto Ullastres o Gregorio López-Bravo. Su objetivo no era cambiar el sistema político, sino hacerlo más eficiente. Su visión era técnica, no ideológica. Apostaban por la racionalización de la administración, la profesionalización de la gestión económica y la mejora de la competitividad industrial. Como afirmó López Rodó: "No somos reformistas políticos. Somos planificadores económicos".

Entre 1964 y 1975 pusieron en marcha tres Planes de Desarrollo, que impulsaron la inversión en sectores clave como la automoción, la energía, las infraestructuras y el turismo. El Estado actuó como promotor, regulador y, en muchos casos, empresario directo a través del Instituto Nacional de Industria (INI).

Fue una modernización controlada. El crecimiento económico se convirtió en la nueva legitimación del régimen, que dejó de hablar de cruzada y empezó a hablar de progreso. Se difundieron eslóganes como "España va bien" o "La paz produce progreso".

Franco, ajeno a los detalles técnicos, respaldó sin reservas a sus ministros, mientras mantenía intacto el andamiaje autoritario del sistema. En España no había democracia, pero sí frigoríficos, televisores y coches SEAT 600.

7.3 El turismo, la emigración y la industrialización

Tres fenómenos contribuyeron decisivamente al llamado milagro económico español: el turismo, la emigración y la industrialización.

El turismo creció de forma explosiva. En 1951, España recibió 700.000 visitantes. En 1975, más de 30 millones. Las playas del Mediterráneo se llenaron de alemanes, franceses, británicos y suecos atraídos por el sol barato, la seguridad y la relativa modernidad de los servicios. Fue una revolución cultural silenciosa. Reseñó el historiador Jordi Gracia: "Los suecos en bikini hicieron más por la secularización que diez reformas escolares".

La emigración también fue clave. Entre 1959 y 1973, más de dos millones de españoles emigraron legalmente a Alemania, Francia, Suiza o Bélgica. Enviaban remesas que sostenían la economía familiar y reducían la presión del paro. Además, muchos regresaron con una nueva mentalidad: ahorro, puntualidad, respeto al trabajo. Franco los llamaba "embajadores de España".

La industrialización se concentró en Madrid, Barcelona, el País Vasco y Valencia. Se desarrollaron polos tecnológicos, se modernizó el transporte, y surgió una incipiente clase media urbana. El consumo se disparó: lavadoras, radios, vacaciones. En 1960, el 10 % de los hogares tenía frigorífico; en 1975, era el 85 %.

Las cifras macroeconómicas son elocuentes: el PIB español se multiplicó por cuatro entre 1960 y 1975; el crecimiento medio anual fue del 7 %. España entró, por fin, en la senda del desarrollo europeo.

7.4 Los "25 años de paz": mito, propaganda y realidad

En 1964, el régimen celebró sus "25 años de paz", conmemorando el final de la Guerra Civil con desfiles, documentales, sellos, carteles y un lema omnipresente: "Franco, 25 años de paz".

Se trató de una operación de propaganda masiva. Se difundió la imagen de un país unido, moderno, productivo y feliz. El NO-DO repetía las cifras del crecimiento, mostraba nuevas autopistas, fábricas humeantes, escolares uniformados, y familias sonrientes con televisión en blanco y negro.

Pero esa imagen tenía fisuras. Aún persistía la represión política, la censura, la ausencia de libertades, la vigilancia ideológica. El desarrollo no llegó igual a todas partes: zonas rurales seguían empobrecidas, y las desigualdades territoriales se agudizaron.

Además, el crecimiento económico creó nuevas tensiones sociales: huelgas laborales, movilizaciones estudiantiles, demandas de autogobierno en Cataluña y el País Vasco.

En 1970, se produjo el juicio de Burgos contra miembros de ETA, y en 1973 el asesinato de Carrero Blanco atribuido a esta misma organización.

La paz franquista era real en términos de ausencia de guerra, pero frágil como cohesión nacional. Era una paz vigilada, sostenida por el miedo, el control social y la promesa de bienestar. El milagro económico fue innegable, pero no se tradujo en apertura política. Como sintetizó el periodista francés Raymond Carr: "Franco fue un dictador que modernizó su país sin dejar de ser un dictador".

La pregunta inevitable comenzaba a emerger: ¿qué pasaría cuando Franco muriera?

CAPÍTULO 8.
EL MODELO SOCIAL FRANQUISTA

8.1 Reforma del sistema laboral: pagas extraordinarias, vacaciones y seguros

Uno de los pilares del régimen franquista fue la construcción de un sistema laboral paternalista, que ofreciera ciertas garantías sociales a cambio de obediencia política. La idea era clara: paz social a través del orden y la tutela del Estado.

En plena posguerra, se aprobó el Fuero del Trabajo (1938), una carta socioeconómica inspirada en la Carta del Lavoro fascista italiana, que establecía los derechos y deberes de los trabajadores: jornada máxima, salario justo, descanso dominical, vacaciones pagadas y protección en caso de accidente.

En la práctica, estas medidas se consolidaron a lo largo de los años cuarenta y cincuenta. Se establecieron dos pagas extraordinarias al año, primero por Navidad (1944) y más tarde por verano (1947), así como quince días de vacaciones pagadas por ley.

El régimen promovía una retórica de "justicia social" bajo control estatal. Como afirmaba el ministro José Antonio Girón de

Velasco, artífice de muchas reformas laborales: "El trabajador español no necesita luchar en la calle: el Estado ya ha luchado por él".

En 1956 se aprobó la Ley de Convenios Colectivos, que regulaba acuerdos salariales y condiciones de trabajo entre patronos y trabajadores, aunque siempre bajo supervisión del Estado. No existía negociación libre, pero sí una burocracia corporativa que pretendía garantizar estabilidad.

La legislación laboral franquista logró cierta mejora material, especialmente en los años del desarrollo económico. Sin embargo, su eficacia estaba limitada por la falta de libertad sindical y la prohibición de huelgas. La paz social era obligada, no conquistada.

8.2 La Seguridad Social: ampliación y cobertura

Otro eje del modelo social de Franco fue la construcción de un sistema nacional de Seguridad Social, que se amplió significativamente en los años sesenta. A diferencia de otros países europeos donde surgió de pactos parlamentarios, en España fue un instrumento del régimen para consolidar su legitimidad.

En 1963 se promulgó la Ley de Bases de la Seguridad Social, que unificó y modernizó los sistemas dispersos anteriores. Se crearon tres grandes pilares: el seguro de enfermedad, el de invalidez y vejez, y el de accidentes laborales.

La cobertura, que inicialmente alcanzaba solo a obreros industriales, se extendió progresivamente a empleados públicos, trabajadores agrícolas, autónomos y amas de casa con cargas familiares. En 1975, cerca del 80 % de la población activa estaba integrada en el sistema.

Se construyeron ambulatorios, hospitales comarcales, centros de salud y residencias geriátricas, bajo la gestión del Instituto Nacional de Previsión. El lema era claro: "Franco cuida de los suyos".

Este sistema no era perfecto —ni universal ni completamente gratuito—, pero sí representó un salto cualitativo respecto a los años de miseria, y creó una red de protección que sobrevivió al franquismo y fue ampliada en democracia.

8.3 Relación con sindicatos verticales: orden sin conflicto

En el modelo franquista no existía libertad sindical. En su lugar, se creó una estructura única y jerárquica llamada Organización

Sindical Española, también conocida como el "Sindicato Vertical".

Inspirado en el corporativismo fascista, el Sindicato agrupaba a trabajadores y empresarios en una misma estructura, eliminando el conflicto de clases. Todos los trabajadores estaban obligados a afiliarse para poder tener contrato y acceder a prestaciones.

Los conflictos laborales no se resolvían mediante huelgas —prohibidas— sino a través de jurados de empresa, magistraturas de trabajo y mediaciones del Estado. Como decía el Fuero del Trabajo: "El trabajo es un deber y un derecho; la armonía, su garantía".

Pese a su rigidez, el Sindicato Vertical desarrolló ciertos mecanismos de asistencia social, como economatos, viviendas protegidas, actividades deportivas y colonias infantiles. En los años sesenta, comenzó a tolerar tímidamente ciertas demandas, dando voz a representantes obreros que luego serían clave en la transición.

La paz laboral se mantenía más por miedo que por consenso, pero el modelo sindical franquista —sin huelgas, sin pluralismo— fue eficaz en controlar el malestar obrero, al menos hasta los años finales del régimen.

8.4 Empresas públicas y nacionalizadas: RENFE, Telefónica, SEAT, INI

Desde los años cuarenta, el Estado franquista adoptó un rol empresarial muy activo, especialmente en sectores estratégicos. A través del Instituto Nacional de Industria (INI) —fundado en 1941— se crearon y gestionaron centenares de empresas públicas, muchas de las cuales siguen existiendo bajo otras formas.

El INI fue concebido como un brazo industrial del Estado, encargado de impulsar sectores clave como el transporte, la energía, el automóvil, las telecomunicaciones y la industria pesada. Ejemplos emblemáticos:

RENFE (1941): Red Nacional de Ferrocarriles Españoles, estatalizada tras la guerra. Modernizó la red ferroviaria y centralizó la gestión del transporte.

Telefónica: Nacionalizada en 1945, convirtió las telecomunicaciones en un servicio público estratégico.

SEAT (1950): Sociedad Española de Automóviles de Turismo, en colaboración con FIAT, símbolo de la motorización de la clase media.

ENDESA, ENSIDESA, ENASA, CASA: Empresas del INI en energía, siderurgia, transporte y aeronáutica.

Este modelo de capitalismo de Estado permitió desarrollar una base industrial sólida, aunque también generó ineficiencias, clientelismo y estructuras burocráticas difíciles de reformar.

A pesar de sus limitaciones, estas empresas jugaron un papel crucial en la modernización del país y fueron claves para crear empleo, infraestructura y formación técnica en una España aún atrasada.

8.5 La vivienda obrera y la idea de "familia propietaria"

Uno de los pilares ideológicos del franquismo fue la promoción de la familia tradicional como célula básica de la nación. En este marco, la vivienda digna y en propiedad se convirtió en un objetivo social del régimen.

A través del Ministerio de la Vivienda, creado en 1957, y del Sindicato de la Construcción, se impulsaron planes de viviendas protegidas, conocidas como "casas baratas", destinadas a obreros, funcionarios y familias numerosas.

Se ofrecían créditos a largo plazo, alquileres bonificados o compra subvencionada, con prioridad para los "cabezas de familia" afiliados al Sindicato Vertical. Entre 1960 y 1975 se construyeron más de 1,5 millones de viviendas protegidas.

Este modelo generó un tejido urbano periférico en las grandes ciudades, con bloques funcionales, parroquias, escuelas y centros sindicales. El ideal era claro: trabajadores ordenados, propietarios, católicos, obedientes. Como afirmaba un folleto oficial: "La vivienda no solo da techo, sino patria, familia y orden".

Esta política tuvo efectos duraderos: España pasó de ser un país de inquilinos a uno de propietarios, un rasgo que sigue marcando la cultura social y económica nacional.

El modelo social franquista ofreció seguridad sin libertad, estabilidad sin pluralismo. Su éxito relativo en términos de bienestar material permitió una legitimación práctica, aunque sin respaldo democrático. Para muchos españoles, fue el primer momento de mejora desde la guerra. Para otros, fue una cárcel sin barrotes.

En cualquier caso, dejó una herencia estructural —empresas públicas, red sanitaria, costumbre del orden— que sobrevivió al franquismo, y cuyo análisis exige, como todo en esta historia, ir más allá de los eslóganes.

CAPÍTULO 9. IGLESIA Y ESTADO: ALIANZA SIN FISURAS

9.1 El nacionalcatolicismo como pilar ideológico

Desde el inicio mismo de la Guerra Civil, el bando sublevado presentó su lucha como una "cruzada contra el ateísmo marxista". Esta retórica no era decorativa: la alianza entre la Iglesia y el régimen franquista fue, desde el primer momento, una simbiosis estructural.

El llamado nacionalcatolicismo no fue solo una inspiración religiosa del poder, sino una doctrina política y cultural que impregnó todos los ámbitos de la vida. Su fórmula combinaba autoridad, unidad nacional y moral cristiana, y fue el pilar más duradero del franquismo en su fase fundacional.

La Iglesia católica, que había sido ferozmente perseguida durante la Segunda República —con iglesias quemadas, conventos expropiados y clero asesinado—, vio en Francisco Franco al restaurador del orden cristiano. Como afirmaba el cardenal Gomá en 1937: "La guerra actual es una guerra religiosa. La Iglesia no puede ser neutral".

Franco, a su vez, entendía que el apoyo eclesial le ofrecía una legitimidad moral que ningún voto podía darle. Se rodeó de símbolos religiosos, presidió procesiones, asistió a misas oficiales y promovió leyes inspiradas en la doctrina católica.

Durante décadas, el catolicismo fue la única religión legal en España, y su doctrina impregnó el Derecho, la educación, la censura y la vida cotidiana. El lema oficioso del régimen lo resumía todo: "España, una, grande, libre... y católica".

9.2 Concordato de 1953 y privilegios eclesiásticos

La consagración jurídica de esta alianza se formalizó en el Concordato entre España y la Santa Sede, firmado en 1953. Este acuerdo reconocía al catolicismo como la única confesión verdadera del pueblo español, y otorgaba al Estado una serie de prerrogativas y deberes.

España se comprometía a:

- Financiar el culto y clero católico.
- Mantener la enseñanza religiosa obligatoria en todos los niveles educativos.
- Reconocer efectos civiles al matrimonio canónico.

- Permitir la censura previa de libros contrarios a la fe.

A cambio, el Vaticano reconocía internacionalmente al régimen franquista y otorgaba a Franco un privilegio medieval: el derecho de presentación de obispos, es decir, proponer nombres para cargos eclesiásticos en España.

Esta simbiosis fue férrea durante las décadas de 1940 y 1950. La Iglesia tuvo acceso privilegiado a la educación, los medios, la asistencia social y la moral pública. Sus templos eran centros de vida social y política. Muchos obispos y cardenales pronunciaban homilías laudatorias hacia Franco, considerado como "instrumento de la Providencia".

Como recordaría el historiador Gonzalo Redondo: "En el nacionalcatolicismo, el Estado y la Iglesia no se limitaban a colaborar: compartían alma".

9.3 La educación religiosa y el control moral

Una de las expresiones más palpables de esta alianza fue el control eclesial sobre la educación. Desde la escuela primaria hasta la universidad, la enseñanza religiosa era obligatoria, y el pensamiento católico impregnaba los contenidos de historia, ética, ciencias sociales y literatura.

Los libros de texto exaltaban la figura de Cristo, la Virgen María, los mártires de la Guerra Civil y, naturalmente, al Caudillo, presentado como defensor de la fe y restaurador del orden divino.

Además, existían órdenes religiosas especializadas en la educación de las élites, como los jesuitas, maristas, escolapios y salesianos. La enseñanza pública también estaba sujeta a la moral católica: las maestras debían ser solteras o viudas, los profesores vigilados por su conducta religiosa, y los planes de estudio aprobados por el Episcopado.

La moral sexual era particularmente vigilada. Se prohibieron libros, películas, vestidos y costumbres considerados obscenos. El Estado colaboraba con organizaciones católicas como Acción Católica, Hermandades del Trabajo o la Sección Femenina, que promovían el modelo de mujer sumisa, madre y esposa.

En las cárceles, hospitales y cuarteles, los capellanes eran figuras centrales, encargados de la "redención espiritual" de los ciudadanos. Y en los medios de comunicación, la censura eclesial coexistía con la política: el escándalo era pecado, además de delito.

9.4 El giro final: el distanciamiento con sectores progresistas del clero

A partir de los años sesenta, sin embargo, esta alianza comenzó a resquebrajarse. El Concilio Vaticano II (1962–1965) promovió una apertura eclesial hacia el mundo moderno, la libertad religiosa y los derechos humanos, ideas difícilmente compatibles con el autoritarismo franquista.

Muchos sacerdotes, religiosos y obispos comenzaron a criticar abiertamente el régimen, denunciar la represión, apoyar huelgas y promover comunidades cristianas de base. Surgieron movimientos como la HOAC (Hermandad Obrera de Acción Católica) y la JOC (Juventud Obrera Cristiana), que cuestionaban el modelo franquista desde dentro del cristianismo.

El caso más emblemático fue el del cardenal Vicente Enrique y Tarancón, presidente de la Conferencia Episcopal, quien en los años setenta encabezó una transición interna de la Iglesia hacia una postura más neutral y, en muchos casos, crítica. En 1973 afirmó: "La Iglesia no quiere privilegios, sino libertad. Y la libertad no puede coexistir con la opresión".

El Vaticano, por su parte, dejó de apoyar explícitamente al régimen. Pablo VI nunca visitó España, y el Papa Juan Pablo II, ya en democracia, se referiría al pasado franquista con distancia.

Franco, aunque visiblemente decepcionado por esta deriva, nunca rompió formalmente con la Iglesia. Mantuvo hasta el final una imagen de católico ejemplar, rodeado de símbolos religiosos y asistido por clérigos en sus últimos días.

La alianza sagrada que había sostenido el régimen durante décadas terminó deshilachándose en sus últimos años, pero dejó una huella profunda: un catolicismo cultural dominante, una red institucional eclesial poderosa y una moral social moldeada por décadas de fusión entre cruz y espada.

CAPÍTULO 10.
LA INVENCIÓN DEL CAUDILLO

10.1 Uniformes, misas, saludos y retratos: la imagen fabricada

F rancisco Franco fue más que un jefe de Estado: fue construido como un símbolo, un mito viviente, un padre protector, un guerrero providencial. La propaganda franquista no improvisó: diseñó desde los primeros días una iconografía destinada a eternizar su figura como el Caudillo de España por la gracia de Dios.

El término "Caudillo" —elegido en 1936 tras su proclamación como Jefe del Estado— evocaba los grandes líderes medievales, los caballeros de la Reconquista, y lo situaba fuera del lenguaje moderno de la política. Franco no era presidente ni dictador: era guía espiritual y militar, designado por el destino.

Su imagen pública fue cuidadosamente construida: uniformes impecables, mirada al horizonte, rostro serio y contenido. Siempre aparecía solo en las fotos oficiales, sin ministros alrededor, sin sonrisas. En retratos colgados en escuelas, cuarteles y oficinas públicas,

Franco mantenía la misma pose: rígida, imperturbable, distante.

El uso de uniformes militares, incluso en momentos civiles, reforzaba su identidad como jefe supremo del Ejército. Las misas oficiales, donde aparecía acompañado por obispos, monjas o monaguillos, reiteraban su papel como elegido de Dios. Era habitual verlo presidir procesiones del Corpus, funerales de Estado o actos religiosos, siempre bajo los símbolos del nacionalcatolicismo.

El saludo brazo en alto, inspirado en el fascismo italiano, fue obligatorio en actos públicos durante los años cuarenta y cincuenta. Junto a las banderas con el águila de San Juan, los himnos militares y los estandartes falangistas, se creaba una estética del poder que combinaba misticismo, disciplina y autoridad. Como afirmaba el falangista Dionisio Ridruejo, luego crítico del régimen: "No se trataba de amar a Franco, sino de creer en su necesidad".

10.2 Libros escolares, NO-DO y discursos: el relato oficial

La escuela fue uno de los principales instrumentos para inculcar el mito del Caudillo desde la infancia. En los libros de lectura de primaria, Franco era descrito como "el salvador de España", "el general invicto", "el Padre de la Patria". Se enseñaba que gracias a él España había vuelto a ser "una y grande", y que la paz era su don más preciado.

Las preguntas tipo eran reveladoras:

—¿Quién nos salvó del comunismo?

—Franco.

—¿A quién debemos obedecer y amar?

—A nuestro Caudillo, porque es justo y bueno.

Los discursos oficiales, reproducidos en la prensa o en emisoras como Radio Nacional de España, eran sobrios, lentos, casi litúrgicos. Franco hablaba poco, pero cuando lo hacía, se rodeaba de un tono profético. Uno de sus fragmentos más repetidos fue: "España no necesita partidos, necesita unidad".

Pero el gran aparato de propaganda del régimen fue el NO-DO (Noticiarios y Documentales Cinematográficos), obligatorios en todos los cines desde 1943 hasta 1976. Cada proyección de cine comercial iba precedida por 10 minutos de noticiario, con música marcial, tono grandilocuente y locución enfática.

En el NO-DO, Franco inauguraba pantanos, saludaba obreros, recibía embajadores, pasaba revista a tropas, bendecía cosechas. Siempre firme, siempre al mando, siempre aplaudido. Nunca se mostraban protestas, huelgas, ni miserias. La España real quedaba fuera de foco.

Los medios de comunicación, completamente controlados por el régimen, reforzaban este discurso. El diario *Arriba*, órgano oficial del Movimiento, dedicaba editoriales semanales al "pensamiento de Franco", que se trataba como doctrina de Estado.

Era, en palabras del periodista Manuel Leguineche: "una dictadura sin alaridos, sin estridencias, con un jefe que parecía no moverse y, sin embargo, lo controlaba todo".

10.3 El culto a la victoria y la negación del adversario

El mito del Caudillo se cimentó sobre la memoria oficial de la Guerra Civil, que el régimen rebautizó como "la Cruzada" o "la Guerra de Liberación". Según esta narrativa, no hubo guerra civil sino salvación nacional; no hubo dos Españas, sino una legítima (la nacional) y otra criminal (la roja).

Cada 1.º de abril se celebraba el "Día de la Victoria", con desfiles, misas y discursos. El parte final de guerra, leído por la radio y publicado en prensa, fue repetido cada año como un texto sagrado: "Cautivo y desarmado el ejército rojo, han alcanzado las tropas nacionales sus últimos objetivos. La guerra ha terminado".

Se construyeron monumentos, como el Valle de los Caídos, dedicado oficialmente a todos los muertos de la guerra, pero dominado por la estética y simbología franquista. Allí fue enterrado Franco tras su muerte, junto a la cruz monumental de 150 metros de altura. El monumento se convirtió en santuario de la victoria y del mito.

La negación del adversario fue sistemática. No se reconocían víctimas del franquismo, ni se permitía la mención de fusilamientos, represión o exilio. Los perdedores eran definidos como "enemigos de España, apátridas, criminales, masones, comunistas". La reconciliación no tenía cabida. Solo la victoria.

Esta narrativa se mantuvo sin grandes cambios hasta los años setenta. Y aunque en los márgenes existían resistencias culturales, la hegemonía simbólica del régimen fue duradera. Millones de españoles crecieron bajo la imagen de Franco como figura paternal, incuestionable y omnipresente. Escribió el poeta Blas de Otero, desde el exilio interior: "En España el silencio era una forma de rezar... y de obedecer".

CAPÍTULO 11.
UNA DICTADURA SIN CARISMA

11.1 El estilo de gobierno: burocracia, lealtad y silencio

F rancisco Franco fue, probablemente, el dictador menos carismático del siglo XX. No pronunciaba discursos incendiarios, no escribía manifiestos ideológicos, no tenía una retórica épica ni populista. No era cercano, ni simpático, ni temido por su presencia física. Y, sin embargo, gobernó España durante casi cuarenta años.

Su poder no se basaba sobre la fascinación, sino en la administración meticulosa de la autoridad. Franco prefería los informes al debate, los decretos al diálogo, los silencios a las explicaciones. Gobernaba rodeado de papeles, generales, tecnócratas y jerarcas obedientes, siguiendo el paradigma de Felipe II. Como señaló el historiador Gabriel Jackson: "Su genio fue el de un burócrata supremo que supo reducir la política a un arte de resistir y controlar".

El aparato del Estado franquista se organizó en torno a una burocracia jerárquica y vertical, sin participación ciudadana ni rendición de cuentas. La toma de decisiones estaba completamente centralizada, pero revestida de procedimientos administrativos: comisiones, decretos, dictámenes, informes.

Franco raramente improvisaba. Leía todo lo que firmaba, corregía hasta los nombres menores de los comunicados, y exigía exactitud en cada texto. Su despacho del Palacio de El Pardo era más un centro de control que un escenario de poder teatralizado.

Nunca confió del todo en sus ministros. Cambiaba gabinetes con frecuencia, promovía rivalidades internas y castigaba la notoriedad. Quien se hacía visible, corría el riesgo de caer. Como afirmaba un proverbio franquista: "En este régimen, el que se mueve, no sale en la foto".

11.2 Franco como técnico del poder, no como ideólogo

A diferencia de Hitler, Mussolini o Lenin, Franco no era un ideólogo ni un revolucionario, sino un técnico del poder. No escribió un *Mein Kampf,* ni formuló una doctrina propia. Se limitó a tomar ideas ya existentes —autoritarismo, catolicismo, hispanismo, anticomunismo— y organizarlas al servicio de un Estado que funcionara sin libertad.

Su discurso público rara vez incluía conceptos abstractos. Hablaba de unidad, orden, tradición, grandeza, pero sin desarrollar teorías. En su pensamiento predominaba el sentido práctico, el miedo al caos y la fe en la jerarquía. La ideología le servía como recurso retórico, no como proyecto transformador. Como señaló Stanley Payne: "Franco nunca se definió con precisión. Fue, más que nada, un administrador de una España que imaginaba eterna".

Su modelo político no era el fascismo italiano, ni el nacionalismo populista. Era una dictadura burocrática de baja temperatura ideológica, que se adaptaba al contexto sin cambiar de núcleo. Durante la Guerra Civil se rodeó de falangistas; en los años cincuenta, de tecnócratas; en los sesenta, de conservadores pragmáticos. Pero siempre conservó el timón.

Franco no inspiraba pasión, sino acatamiento, y eso era exactamente lo que buscaba. No necesitaba masas fervorosas, sino una sociedad obediente, silenciosa, controlada. Un país que no amara, pero tampoco se atreviera a disentir.

11.3 ¿Tenía una ideología? ¿O solo una voluntad de orden?

La pregunta que se han hecho muchos historiadores es si Franco tenía una ideología estructurada o simplemente una voluntad de orden absoluto. La respuesta no es simple. Franco se presentaba como defensor de valores eternos: la religión católica, la unidad de España, la familia tradicional, el ejército, la autoridad. Pero rara vez definía esos valores más allá de consignas generales.

En su famoso discurso del 18 de julio de 1939 afirmó: "Nuestra doctrina no es política, sino moral. No nace del interés, sino del deber. No nace del conflicto, sino de la fe".

Esa fe era conservadora, autoritaria y centralista. Pero no estaba articulada en un cuerpo doctrinal coherente, como el marxismo, el liberalismo o incluso el falangismo. Franco tomaba prestado, combinaba y descartaba según la conveniencia del momento.

En los años cuarenta se apoyó en la Falange, pero la fue vaciando de contenido político y reduciendo a un brazo auxiliar del Estado. En los cincuenta apostó por la Iglesia y el anticomunismo. En los sesenta se abrazó al desarrollismo y al aperturismo moderado.

Su única constante fue el control personal del poder.

Más que una ideología, Franco tenía una visión inmóvil del mundo: España era una nación única, destinada a ser grande, que debía ser gobernada por un mando fuerte, sin partidos ni conflictos, bajo la protección divina.

Esa visión no admitía evolución ni pluralismo. Era, ante todo, una negación del tiempo y del cambio. Como escribió el ensayista José María Pemán, partidario del régimen: "Franco ha detenido la historia, y la ha hecho piedra".

Pero esa piedra, al final, empezó a resquebrajarse. El mundo cambió, la Iglesia cambió, Europa cambió... y España también. La pregunta ya no era si Franco tenía ideología, sino qué quedaría de su sistema cuando él desapareciera.

CAPÍTULO 12. LA TRANSICIÓN: MUERTE DEL HOMBRE, MUTACIÓN DEL MITO

12.1 Sucesión preparada: Juan Carlos y la Ley de Reforma

Francisco Franco fue plenamente consciente de su mortalidad y del riesgo que suponía la desaparición de un régimen construido en torno a su persona. Por esto, desde los años 60, se preocupó por preparar una sucesión controlada, dentro de su sistema y con garantías de continuidad.

En 1969, designó como sucesor a Juan Carlos de Borbón, nieto de Alfonso XIII, con el título de "Príncipe de España", no de Asturias, evitando así cualquier alusión directa a la monarquía parlamentaria previa. La designación fue presentada como un acto de previsión histórica: "Todo ha quedado atado y bien atado", diría Franco.

El príncipe juró fidelidad a los principios del Movimiento Nacional y se integró en el aparato del Estado. La figura del presidente del Gobierno, por otro lado, se institucionalizó con la Ley Orgánica del Estado (1967), y

Franco nombró a Arias Navarro como su último jefe de gabinete.

A medida que su salud se deterioraba, en los años 70, Franco delegó funciones, pero mantuvo la jefatura del Estado hasta el final. Murió el 20 de noviembre de 1975, a los 82 años, rodeado de familia, militares y eclesiásticos. Su agonía fue larga, retransmitida por televisión con boletines médicos casi litúrgicos.

Tras su muerte, Juan Carlos fue proclamado rey con la fórmula prevista, pero pronto quedó claro que su proyecto iba en otra dirección. Con la Ley para la Reforma Política (1976), se desmontó legalmente el franquismo desde dentro. Era la llamada "reforma pactada", no la ruptura.

Franco había preparado su sucesión, pero no había previsto que su obra política se diluyera tan rápidamente en la nueva España democrática.

12.2 El Valle de los Caídos: mausoleo, símbolo y controversia

El lugar elegido para sepultar a Franco fue el Valle de los Caídos, un gigantesco complejo monumental construido entre 1940 y 1958 en la sierra madrileña. Oficialmente, el sitio fue concebido como "lugar de reconciliación entre los caídos de ambos bandos", aunque en la práctica solo una minoría de republicanos fueron allí enterrados y, muchos, sin el consentimiento de sus familias.

La cruz de 150 metros, visible desde kilómetros de distancia, preside un conjunto de basílica excavada en la roca, criptas, esplanadas y un monasterio benedictino. Fue construido en parte con mano de obra de presos políticos, a través de un sistema de "redención de penas por el trabajo". Aun así, algunos lo vieron como una forma de reconciliación parcial; otros, como una tumba simbólica sobre las ruinas de la derrota republicana.

Franco fue enterrado allí con honores el 23 de noviembre de 1975, tres días después de su muerte. El acto fue solemne, con presencia de altas autoridades civiles y militares, pero sin la exaltación popular esperada. El país parecía preparado para pasar página.

Durante décadas, el Valle fue visitado por nostálgicos, ignorado por la mayoría y convertido en tabú por los poderes públicos. Ni gobierno socialista ni conservador quisieron afrontar el debate de fondo sobre su simbolismo.

No fue hasta 2019 cuando, tras años de litigio, el gobierno español exhumó los restos de Franco, que fueron trasladados al cementerio de El Pardo-Mingorrubio. La decisión provocó debates intensos, pero también mostró que el mito franquista, aunque desactivado políticamente, seguía siendo incómodo culturalmente. Como escribió el filósofo Reyes Mate: "En España no tenemos un problema con el pasado, sino con la forma de enterrarlo".

12.3 De la exaltación al silencio: el pacto de olvido

Durante el franquismo, la memoria oficial fue omnipresente. Franco estaba en los libros, los himnos, los sellos, las monedas y las calles. Tras su muerte, el país optó por una memoria discreta, casi ausente.

La Transición se basó en un pacto tácito entre las fuerzas políticas para evitar reabrir heridas, conocido como el pacto de silencio o de olvido. No se juzgaron crímenes del franquismo, no se revisaron responsabilidades individuales, no se estableció una comisión de la verdad. La amnistía de 1977 borró de un plumazo tanto las condenas de la dictadura como las posibles acciones contra sus autores.

La Constitución de 1978 no menciona ni una sola vez a Franco. Las nuevas generaciones crecieron sin conocer la dictadura más que en vagos relatos familiares o libros escolares que, en general, esquivaban el conflicto con prudencia.

Pero el silencio no es olvido. A partir de los años 2000, empezaron a emerger voces que reclamaban una memoria más justa, especialmente desde el movimiento por la recuperación de los cuerpos en fosas comunes, la revisión de nombres de calles y la retirada de monumentos franquistas.

Francisco Franco dejó de ser una figura intocable, pero nunca fue totalmente desmontado como mito. Para algunos sigue siendo el restaurador del orden; para otros, el símbolo de la represión. Entre ambos polos, existe aún una zona gris de memoria ambigua, herida o ausente, donde conviven silencio, rechazo y nostalgia.

El historiador Julián Casanova ha resumido esta paradoja con una frase certera:

"Franco murió en la cama, pero la historia todavía lo interroga".

CAPÍTULO 13. EL RETORNO DEL MITO EN DEMOCRACIA

13.1 La figura de Franco en el debate público

A más de cuarenta años de su muerte, Francisco Franco sigue siendo una figura presente en el debate español, no tanto por lo que fue, sino por lo que representa en la lucha por el relato histórico.

Durante la Transición, su imagen se desvaneció de forma paulatina: se retiraron bustos, se rebautizaron calles, se evitó su mención en las instituciones. Sin embargo, en los años 2000 comenzó un lento, pero persistente, proceso de reaparición del mito, esta vez como objeto de disputa política, cultural y mediática.

En tertulias, columnas de opinión, redes sociales o campañas electorales, el nombre de Franco aparece invocado para condenar o reivindicar, tergiversar o iluminar. No es solo un personaje del pasado: se ha convertido en símbolo, campo de batalla, espejo de lo que aún divide a la sociedad española.

Como escribió el periodista Enric Juliana: "Franco ya no gobierna, pero sigue votando.

No en las urnas, sino en las conciencias divididas del país".

Para algunos españoles, Franco es un dictador cuya sombra aún pesa sobre las instituciones. Para otros, un jefe de Estado que garantizó orden y estabilidad. En medio, una mayoría social que prefiere no hablar del pasado, pero no puede evitar que vuelva.

13.2 La memoria histórica: leyes, fosas, exhumación

El regreso del mito de Franco se ha canalizado institucionalmente a través de las leyes de memoria histórica, que intentan reparar el olvido oficial de las víctimas del franquismo.

En 2007, el gobierno español aprobó la Ley de Memoria Histórica, que reconocía y ampliaba derechos a quienes padecieron persecución durante la dictadura. Se impulsó la localización de fosas comunes, se promovió la retirada de símbolos franquistas, y se abrió el debate sobre el papel del Estado en la construcción de la memoria colectiva.

Una de sus consecuencias más mediáticas fue la exhumación de los restos de Franco del Valle de los Caídos, realizada en 2019. El acto fue tenso, seguido por millones de personas y fuertemente criticado o aplaudido según la posición ideológica. La imagen del féretro saliendo de la basílica en helicóptero fue tan simbólica como ambigua: ¿cierre de una etapa o renacimiento de una disputa?

En 2022, se aprobó la Ley de Memoria Democrática, que fue más allá al declarar ilegítimas las condenas del franquismo, crear una fiscalía especial y establecer el deber de búsqueda activa de desaparecidos. Pero también fue vista por algunos sectores como un uso partidista del pasado, lo que ha vuelto a polarizar el debate.

España no ha tenido una comisión de la verdad como en otros países con pasado dictatorial. Y aunque se han dado pasos significativos, el proceso de reconciliación sigue incompleto, y la figura de Franco permanece en el centro de la controversia.

13.3 Revisionismos, franquismo sociológico y populismos actuales

El retorno de Franco en democracia no es solo institucional o jurídico: también ha tomado forma en nuevas corrientes revisionistas, en libros, documentales, redes sociales y discursos políticos que revalorizan, matizan o blanquean su figura.

Algunos autores han defendido una visión positiva del franquismo como etapa de orden y progreso económico. Otros insisten en su papel como último dictador del siglo XX en Europa occidental, incompatible con cualquier noción moderna de libertad. El revisionismo más extremo lo presenta como víctima de una "leyenda negra" tejida por la izquierda, mientras que desde la otra orilla se le asocia directamente con crímenes de lesa humanidad.

Este debate se ha visto amplificado por el fenómeno del "franquismo sociológico", término acuñado por el ensayista Santos Juliá para describir la persistencia de valores autoritarios, jerárquicos y conservadores en amplios sectores de la sociedad, incluso décadas después de la muerte del dictador.

En este contexto, algunos movimientos políticos populistas han recuperado símbolos, lenguajes o eslóganes asociados —aunque de forma indirecta— al franquismo. Hablan de "reconquista", "patria", "enemigos internos", y denuncian la "dictadura progre", evocando una memoria invertida del franquismo como supuesto bastión contra el caos.

Así, Franco ya no es un gobernante concreto, sino una figura mitificada, moldeable, simbólica, utilizada por distintas fuerzas para decir algo sobre el presente, más que sobre el pasado. Ha señalado el historiador Paul Preston: "Franco no ha resucitado, pero lo han hecho las ficciones sobre él".

CAPÍTULO 14.
¿QUÉ QUEDA DE FRANCO?

14.1 Instituciones, cultura política y memorias divididas

Francisco Franco desapareció físicamente en 1975, pero su huella no se borró con su muerte. El legado del franquismo no solo pervive en la memoria histórica, sino también —de forma más sutil— en ciertas estructuras, comportamientos e inercias institucionales.

Algunas de las instituciones nacidas durante su régimen fueron adaptadas, no abolidas. El aparato administrativo centralizado, la cultura del orden jerárquico, e incluso determinadas formas de autoridad en la escuela, la empresa o la política, conservan trazos de lo que el historiador Santos Juliá denominó "franquismo sociológico".

Aunque España abrazó la democracia con firmeza, y hoy es un Estado constitucional plenamente integrado en Europa, subsisten rasgos de una cultura política marcada por décadas de control y silencio: el desinterés cívico, la escasa memoria institucional del pasado reciente, la polarización como forma de debate.

Además, la memoria de Franco divide aún a la sociedad española. Mientras una parte lo ve como dictador represivo, otra lo recuerda como restaurador del orden. Entre ambas visiones hay matices, silencios y zonas grises. El resultado es un país donde el pasado aún se disputa más que se analiza, y donde el nombre de Franco puede encender pasiones que no siempre se basan en hechos. A propósito ha escrito el ensayista Javier Cercas: "Franco sigue entre nosotros porque no hemos terminado de contarlo".

14.2 Entre el desarrollo económico y la represión moral

Uno de los dilemas al abordar el legado de Franco es el contraste entre el crecimiento económico del régimen y la falta de libertades individuales. ¿Se puede juzgar una dictadura solo por su balance material? ¿Es posible separar los logros económicos de los costes humanos?

Es innegable que, especialmente a partir de 1959, España vivió un proceso acelerado de modernización económica: se industrializó, atrajo inversión extranjera, desarrolló infraestructuras y amplió su clase media. Se creó el INI, nació SEAT, se universalizó la Seguridad Social y se popularizó el turismo.

Franco supervisó —o al menos toleró— este cambio. Pero también lo limitó desde lo moral y lo ideológico: control de prensa, censura, represión política, subordinación de la mujer, persecución de la homosexualidad, imposición del catolicismo como moral pública.

El historiador Eduardo González Calleja lo resume así: "El franquismo integró a millones de españoles en la economía de mercado, pero los mantuvo al margen de la ciudadanía democrática".

Así, el legado de Franco se presenta como una paradoja: impulsó el desarrollo sin democratizar la sociedad, y su mayor logro (la modernización) acabó minando las bases ideológicas de su propio régimen.

14.3 ¿Hombre de Estado o residuo de la Historia?

¿Quién fue, en última instancia, Francisco Franco? ¿Un hombre de Estado pragmático que evitó guerras y aseguró estabilidad? ¿O un anacronismo autoritario que frenó la democracia por cuatro décadas?

Las respuestas dependen tanto del juicio histórico como del posicionamiento ético. Algunos lo consideran un militar sin ideología clara, que supo sobrevivir a todas las coyunturas. Otros lo ven como un dictador inflexible, que impuso un orden a costa del pluralismo y la libertad.

Franco no fundó una escuela de pensamiento, ni dejó un legado doctrinal. Tampoco construyó un proyecto colectivo perdurable: tras su muerte, su sistema se desmoronó con sorprendente rapidez. La monarquía, las cortes, las leyes, los símbolos... todo fue sustituido en pocos años.

En palabras de Paul Preston: "Franco murió sin dejar herederos ideológicos. Su única herencia fue la ausencia de alternativa durante su vida".

Quizás por eso su figura aún flota sobre la historia de España como un enigma incómodo. Fue protagonista absoluto de su tiempo, pero no logró sobrevivir a él como modelo. Queda, sí, como un mito para unos y una advertencia para otros. Pero ya no como referencia activa del presente.

Y sin embargo, como toda figura fundacional —aunque sea por oposición—, Franco sigue obligando a España a mirarse en el espejo de su pasado. No para revivirlo, sino para entenderlo. Porque solo conociendo al hombre y desmontando el mito, es posible construir una memoria que no divida, sino que ilumine.

APÉNDICES

1. Cronología de vida y gobierno de Francisco Franco

1892   Nace en El Ferrol, Galicia, el 4 de diciembre.

Hijo de un oficial de la Marina y una madre profundamente religiosa, crece en un ambiente rígido y silencioso. El Ferrol, ciudad militar y naval, marcará su primer contacto con el mundo castrense.

1907   Ingresa con 14 años en la Academia de Infantería de Toledo.

Por la supresión del ingreso en la Armada, opta por el Ejército de Tierra. En Toledo, destaca por su disciplina y silencio, aunque no brilla académicamente.

1912-1926 Destinado a Marruecos. Participa en campañas militares.

Se forma como oficial en la Guerra del Rif. En un entorno brutal, gana experiencia en combate y es herido de gravedad. Su valor le vale ascensos rápidos y fama de militar eficaz.

1920   Co-fundador de La Legión junto a Millán-Astray.

Participa en la creación de la Legión Española, cuerpo de élite inspirado en la Legión Extranjera francesa, con fuerte disciplina y mística de sacrificio.

1926   Se convierte en el general más joven de Europa.

A los 33 años es ascendido a general de brigada, tras años de méritos en África. Su ascenso es excepcional y despierta recelos entre otros mandos del Ejército.

1934 Reprime la Revolución de Asturias con fuerzas africanas.

El gobierno de la República le encomienda restablecer el orden. La represión es dura y efectiva. Para la izquierda se convierte en símbolo de la reacción; para la derecha, en garante del orden.

1936 Participa en el golpe de Estado. Se desencadena la Guerra Civil.

Tras meses de tensión social y política, se une al alzamiento militar del 18 de julio. Llega desde Canarias a Marruecos y luego a Sevilla. Asciende rápidamente como figura central del bando sublevado.

1939 Victoria franquista. Franco se proclama Jefe del Estado.

La guerra termina el 1 de abril. Franco consolida todos los poderes: jefe del Estado, del Gobierno, del Ejército y del Movimiento Nacional. Comienza una dictadura de casi 40 años.

1940 Encuentro con Hitler en Hendaya.

Reunión tensa y poco fructífera. Franco busca ayudas y protección, pero evita comprometerse en la guerra. Hitler, frustrado, dirá que preferiría sacarse las muelas antes que volver a hablar con él.

1941 Envío de la División Azul al frente ruso.

Franco permite el envío de voluntarios al lado nazi contra la URSS, pero mantiene formalmente la neutralidad. La División

Azul será símbolo de compromiso ideológico, aunque limitado.

1953   Firma de los Pactos de Madrid con EE. UU.

Acuerdos con Eisenhower: cesión de bases militares a cambio de ayuda económica y respaldo internacional. Franco comienza a salir del aislamiento diplomático de la posguerra.

1959   Plan de Estabilización y arranque del "milagro económico".

Impulsado por tecnócratas del Opus Dei, este plan liberaliza parcialmente la economía. Da inicio a dos décadas de crecimiento, modernización y expansión del consumo en España.

1969   Designa como sucesor a Juan Carlos de Borbón.

Rompe con la legitimidad republicana y con los monárquicos tradicionales. Juan Carlos jura lealtad a los Principios del Movimiento. Franco diseña así una "continuidad" del régimen

1973   Separa las funciones de Jefe de Gobierno, que delega en Carrero Blanco.

Franco se reserva la Jefatura del Estado. La muerte de Carrero en un atentado de ETA acelera la descomposición del régimen.

1975   Muere el 20 de noviembre, tras larga agonía.

Tras semanas hospitalizado por una sucesión de dolencias, muere en Madrid a los 82 años. Le sucederá el Rey Juan Carlos, iniciándose el proceso de Transición democrática.

1977 Ley de Amnistía y primeras elecciones democráticas.

Aunque no directamente atribuible a Franco, marca el punto de inflexión institucional del post-franquismo. Se consolida la "ruptura pactada".

2019 Sus restos son exhumados del Valle de los Caídos.

Por mandato del gobierno, se traslada su sepultura al cementerio de Mingorrubio. El acto, ampliamente mediático, reabre el debate sobre su figura y su lugar en la historia.

2. GLOSARIO DE TÉRMINOS Y ACTORES DEL RÉGIMEN

AUTARQUÍA: Política económica de autosuficiencia que caracterizó los años 40 en España. Basada en el cierre al comercio exterior, generó escasez, mercado negro y empobrecimiento generalizado.

CAUDILLO: Título asumido por Franco desde 1936, evocando la tradición carismática militar española. Remite a un liderazgo fuerte, paternalista y autoritario.

CENSURA PREVIA: Mecanismo de control de prensa, libros, teatro y cine. Todo contenido debía pasar por la revisión del Estado antes de su publicación o emisión.

CONSEJO DEL REINO: Órgano consultivo del régimen, creado en 1947, sin poder efectivo pero con funciones simbólicas de legitimidad institucional.

CONCORDATO (1953): Acuerdo entre el Estado español y el Vaticano. Aseguró privilegios a la Iglesia Católica (financiación, control educativo, presencia institucional) a cambio de respaldo al régimen.

CORTES ESPAÑOLAS: Parlamento simbólico del franquismo. Sin poder legislativo real, sus miembros eran designados por el régimen según representación corporativa y no democrática.

DIVISIÓN AZUL: Unidad de voluntarios españoles enviada al frente ruso (1941–1943) para luchar junto a la Wehrmacht contra la URSS. Fue una forma de apoyar al Eje sin romper la neutralidad formal.

Falange Española: Movimiento fascista fundado por José Antonio Primo de Rivera en 1933. Tras la guerra civil, fue fusionado con otras fuerzas conservadoras para formar el partido único del régimen.

Frente de Juventudes: Organización juvenil del régimen franquista, inspirada en modelos fascistas. Encargada de la formación ideológica y física de los jóvenes.

Instituto Nacional de Industria (INI): Creado en 1941 para impulsar el desarrollo industrial bajo control del Estado. Fundó empresas emblemáticas como SEAT, ENASA o ENDESA.

José Antonio Primo de Rivera: Fundador de Falange, ejecutado en 1936. Convertido en mártir del régimen. Su figura fue instrumentalizada como símbolo del sacrificio y del nacionalismo franquista.

Ley de Principios del Movimiento Nacional (1958): Norma que codificaba la ideología oficial del régimen: unidad, catolicismo, jerarquía, antiparlamentarismo. Se convirtió en el texto "constitucional" del franquismo.

Ley de Sucesión (1947): Proclamaba a España como reino, con Franco como jefe de Estado vitalicio. Le permitía designar sucesor a título de rey, lo que hizo con Juan Carlos en 1969.

Maquis: Guerrilla antifranquista activa en zonas rurales durante los años 40 y principios de los 50. El régimen los denominaba "bandoleros" o "rojos fugitivos".

Movimiento Nacional: Único cauce político legal bajo Franco. Reunía a falangistas, tradicionalistas y otras fuerzas leales al régimen. Era más una estructura de control que un partido.

NO-DO (NOTICIARIOS Y DOCUMENTALES): Obligatorios en cines desde 1942 hasta 1976. Instrumento de propaganda con tono grandilocuente y contenidos seleccionados para exaltar la figura de Franco y el orden establecido.

OPUS DEI: Prelatura católica cuyos miembros ocuparon cargos técnicos y económicos en el régimen a partir de los años 50. Asociados con la modernización económica y el reformismo autoritario.

PACTOS DE MADRID (1953): Acuerdos entre España y Estados Unidos: cesión de bases militares en territorio español a cambio de ayuda económica y reconocimiento diplomático en plena Guerra Fría.

PLAZA DEL CAUDILLO: Nombre que recibieron muchas plazas de ciudades españolas durante el régimen. Era una forma de insertar simbólicamente la figura de Franco en la vida urbana.

POLICÍA ARMADA: Cuerpo policial creado en el franquismo para el control del orden público. También conocida como "los grises" por el color de su uniforme. Sucesora de la Guardia de Asalto republicana.

REFERÉNDUMS DEL RÉGIMEN: Mecanismos plebiscitarios usados para legitimar decisiones unilaterales de Franco (Ley de Sucesión, Ley Orgánica del Estado). Sin garantías democráticas reales.

SECCIÓN FEMENINA: Rama femenina de la Falange, liderada por Pilar Primo de Rivera. Promovía el papel tradicional de la mujer: madre, esposa, subordinada al hombre y al Estado.

SEAT (Sociedad Española de Automóviles de Turismo): Empresa pública fundada en 1950 con apoyo de FIAT. Se convirtió en símbolo de la modernización industrial y del acceso de las clases medias al consumo.

Sindicatos verticales: Sistema sindical único en el que trabajadores y empresarios estaban integrados en la misma estructura, bajo control del Estado. Impedía la huelga y la negociación libre.

Tecnócratas: Grupo de funcionarios, muchos vinculados al Opus Dei, que impulsaron la apertura económica de los años 60. Su gestión profesional sustituyó en parte a la vieja élite falangista.

Valle de los Caídos: Monumento funerario construido por presos políticos a las afueras de Madrid. Contenía los restos de Franco y José Antonio. Se convirtió en símbolo de la memoria dividida.

BIBLIOGRAFÍA

BARCIELA, CARLOS. *La economía del franquismo (1939–1975)*. Madrid: Síntesis, 2003.

BEN-AMI, SHLOMO. *Fascismo y régimen agrario: la España de Franco*. Barcelona: Ariel, 1978.

CASANOVA, JULIÁN. *España partida en dos. Breve historia de la Guerra Civil española*. Barcelona: Crítica, 2013.

CAZORLA SÁNCHEZ, ANTONIO. *Fear and Progress: Ordinary Lives in Franco's Spain, 1939–1975*. Oxford: Wiley-Blackwell, 2010.

DEL REY REGUILLO, MARÍA. *La coerción, base del orden franquista*. Madrid: Centro de Estudios Políticos y Constitucionales, 2014.

DE LA CUEVA MERINO, JULIO. *Religión y política en la España contemporánea*. Madrid: Biblioteca Nueva, 2011.

GÓMEZ BRAVO, GLICERIO. *Ideología y práctica política del franquismo*. Madrid: Akal, 1977.

JULIÁ, SANTOS. *Transición. Historia de una política española (1937–2017)*. Madrid: Galaxia Gutenberg, 2017.

LINZ, JUAN J. *La España de Franco. Ensayo de un análisis político-social*. Barcelona: Ariel, 1976.

MORADIELLOS, ENRIQUE. *Franco. Anatomía de un dictador*. Madrid: Turner, 2018.

NADAL, JORDI. *El fracaso de la revolución industrial en España, 1814–1913*. Barcelona: Ariel, 1975.

NÚÑEZ SEIXAS, XOSÉ M. *Suspiros de España: el nacionalismo español, 1808–2018*. Madrid: Crítica, 2018.

Payne, Stanley G. *Franco y el franquismo.* Madrid: Espasa, 2018.

Payne, Stanley G. *El régimen de Franco.* Barcelona: Península, 2011.

Preston, Paul. *Franco. Caudillo de España.* Barcelona: Grijalbo, 1993.

Preston, Paul. *El gran manipulador: la mentira cotidiana de Franco.* Barcelona: Debolsillo, 2008.

Rodrigo, Javier. *Cautivos: campos de concentración en la España franquista, 1936–1947.* Barcelona: Crítica, 2005.

Serrano, Secundino. *Maquis: historia de la guerrilla antifranquista.* Madrid: Temas de Hoy, 2001.

Suárez Fernández, Luis. *Francisco Franco y su tiempo.* Madrid: Rialp, 1984.

Traverso, Enzo. *El pasado, instrucciones de uso. Historia, memoria, política.* Madrid: Akal, 2007.

Tortella, Gabriel. *El desarrollo de la España contemporánea. Historia económica de los siglos XIX y XX.* Madrid: Alianza Editorial, 1994.

GRACIAS POR COMPRAR ESTE LIBRO. DESCUBRE MÁS EN NUESTRA WEB: